LA QUESTION

IBÉRIENNE

PAR

JULIEN VINSON

(Extrait des *Mémoires du Congrès scientifique de France*,
session de 1873, t. ii, p. 357-368.)

PARIS,

MAISONNEUVE ET Cⁱᵉ; LIBRAIRES-ÉDITEURS,

15, Quai Voltaire, 15.

M.DCCC.LXXIIV.

LA QUESTION IBÉRIENNE

La science du langage, une des branches les plus importantes de l'anthropologie, supplée en partie à l'histoire relativement aux périodes reculées de la vie de l'humanité. Elle ne saurait évidemment fournir que des renseignements très-vagues et très-généraux ; elle jette néanmoins une vive lumière sur les origines géographiques et sur le développement moral des races humaines. C'est par elle seule que nous apprenons d'une façon certaine comment et à quelle époque relative les habitants actuels de l'Europe sont arrivés dans cette partie du monde, la plus petite, mais celle où devait se faire la plus grande dépense de travail et d'activité. C'est la science du langage qui seule nous révèle l'existence en Europe de races pré-aryennes complètement disparues aujourd'hui.

Les pères de la race indo-européenne que les Allemands, par un orgueil déplacé et sans fondement, appellent indo-germanique, mais dont le vrai nom serait indo-celtique ; les antiques Aryas vivaient dans le plateau central de l'Asie, vers les lieux qui furent nommés plus tard la Bactriane. De bonne heure sans doute, cette peuplade, parvenue à un degré supérieur d'intelligence et de civilisation, dut rayonner autour d'elle ; de bonne heure, il dut s'établir un fort courant d'émigration des Aryas vers l'occident. Ceux qui les premiers s'éloignèrent

dans la direction du soleil couchant se virent peu à peu et
de plus en plus refoulés vers l'ouest par de nouveaux voyageurs.
C'est ainsi que, de proche en proche, les Aryas furent conduits,
probablement à la suite d'une longue série de siècles, jusqu'aux
bords de cet océan que nous nommons l'Atlantique. Les causes
de ces mouvements étaient sans doute multiples ; mais ils sont
expliqués d'une façon très-suffisante notamment par l'accrois-
sement incessant de la population et par la nécessité, qu'im-
posait aux générations nouvelles la nature des choses, d'aller
chercher au loin la nourriture que leur pays natal ne suffisait
plus à leur fournir.

Les premiers émigrants aryas furent les pères des Celto-
latins, subdivisés plus tard en deux groupes dont l'un occupa
l'Italie, et l'autre l'Espagne, la France et les îles Britanniques ;
après eux, vinrent les ancêtres des Grecs. Vers l'ouest aussi,
mais plus au nord que les précédents, se dirigèrent encore
deux grands rameaux dont l'un produisit la race germanique
tout entière et dont l'autre a donné naissance aux Lituaniens
et aux Slaves. Au sud-ouest marchèrent les Éraniens représentés
de nos jours par les habitants de la Perse ; au sud-est des-
cendirent les peuples qui ne tardèrent pas beaucoup sans doute
à parler le vénérable idiome que nous ont transmis les antiques
• Védas.

Mais ces Aryas, en se répandant ainsi depuis l'Inde jusqu'aux
rivages où se conservent encore aujourd'hui des patois celtiques,
ne trouvèrent pas seulement des terres inoccupées. Des êtres
humains étaient déjà installés dans les régions ainsi envahies.
Il dut y avoir nécessairement, partout où de pareilles rencontres
se produisirent, — soit une terrible « lutte pour l'existence »,
une effroyable « concurrence vitale » qui se termina certaine-
ment par la victoire des Aryas mieux doués sous tous les
rapports que leurs adversaires, — soit des alliances pacifiques
d'où résultèrent des races mixtes tendant pourtant de plus en
plus à se confondre avec la grande race aryenne renouvelée
par des immigrations nouvelles. Dans les deux cas, les pré-
aryens ont laissé au moins une trace de leur existence, leur
langage, plus ou moins altéré sous l'influence de l'idiome des
envahisseurs mais dont le corps matériel ne pouvait être modifié.

Il s'est formé de la sorte, qu'on nous permette la comparaison, comme un certain nombre d'îlots épars au milieu de

l'océan linguistique Aryen. Les principaux sont, de l'Inde à
la France, l'îlot dravidien, l'îlot finnois (parents des hongrois
ou magyares) et l'îlot basque. Les langues qui constituent ces
trois groupes n'ont entre elles toutes que des rapports très-
généraux ; elles procèdent pourtant, dans l'ensemble de leurs
mécanismes, d'une manière analogue ; elles correspondent
sans doute à des périodes peu différentes de la vie générale
de l'homme ; ce sont les produits d'organismes arrivés à peu
près au même degré de développement. Le finnois et le magyare
sont parents, et tous deux se rattachent assez étroitement
aux idiomes des peuplades sauvages de la Sibérie. Mais les
langues dravidiennes, parlées encore aujourd'hui par trente-
deux millions d'hommes dans le sud de l'Inde, paraissent
isolées dans le monde. Il en est de même du basque, qui
est le langage tout au plus de cinq à six cent mille hommes,
sans nationalité politique, sans originalité sociale, qui habi-
tent, au pied des Pyrénées occidentales, les frontières entre
la France et l'Espagne.

S'il était nécessaire de démontrer ici l'originalité du hongrois, du basque, du tamoul et leur antériorité sur les
idiomes aryens qui les entourent et les pressent ; il suffirait
de rappeler les faits bien connus des linguistes et que l'illustre
et regretté Schleicher a si bien résumés dans l'admirable
introduction de son beau livre sur la langue allemande [1].
Toutes les langues découvertes jusqu'à ce jour se partagent
en trois grandes catégories, suivant le degré de perfection
qu'elles apportent à remplir leur but qui n'est autre évidemment que l'expression sonore de la pensée. Mais chaque pensée
a divers modes d'être, chaque conception peut être dirigée
dans des sens différents. Le langage le plus parfait sera donc
celui qui représentera le plus fidèlement le double aspect de
la pensée, c'est-à-dire la signification et la relation. Les langues dites isolantes ou monosyllabiques ne sont constituées
que par des sons significatifs ; elles n'expriment que conven-
tionnellement le rapport. Les langues dites agglutinantes (et
c'est dans ce groupe que se rangent le basque, le magyare, etc.)
expriment la signification et la relation par des sons différents
juxtaposés. Enfin, les langues à flexion (idiomes aryens et

1. *Die deutsche Sprache*, Stuttgart, 1869 (2ª édition).

sémitiques) indiquent les rapports par une modification de
la racine significative. Qui ne voit que cette dernière classe
renferme les idiomes les plus parfaits ? Or, si la loi du pro-
grès est une loi fatale, en ce sens que l'homme n'a pas cessé
de s'améliorer au moral comme au physique depuis qu'il existe;
il faut bien admettre que là où se rencontreront en même
temps une langue aryenne et une langue agglutinante, chez
des peuples entrés dans la vie historique, la langue aryenne
doit être la plus récemment arrivée, attendu que, dès que les
peuples entrent dans l'histoire, le développement progressif
du langage cesse et que, dans ces conditions, de nouveaux
idiomes ne peuvent prendre naissance.

Il est donc à peu près indubitable que la race basque, ou,
pour parler plus exactement, que la langue basque est anté-
rieure à la venue des Aryas en Europe; qu'elle est un reste
des idiomes parlés dans le sud-ouest de la France et le nord
de l'Espagne avant l'invasion de la race indo-européenne. C'est
là, pour le moment, tout ce que la linguistique positive peut
répondre à ceux qui l'interrogent sur « l'origine des Basques ».
Il est impossible, en effet, dans l'état actuel des études
euscariennes [1], de rattacher le basque à aucune autre famille
linguistique connue.

Mais on s'est demandé si le basque, aujourd'hui cantonné
à l'extrémité occidentale des Pyrénées, n'avait pas dû jadis
être beaucoup plus répandu en Europe; si, par exemple, la
France, l'Italie et l'Espagne tout entière n'avaient pas dû faire
partie de son domaine; si la race basque n'avait pas pu venir
d'Afrique. C'est là ce que j'appelle *la question ibérienne*, née,
comme on le voit, d'un *à priori* inspiré assez naturellement
par un fait inexplicable dont on cherchait à se rendre compte,
mais enfin d'un *à priori*.

Voici le raisonnement qui a été fait:

D'après les écrivains de l'antiquité classique, l'Espagne a
été peuplée, avant l'arrivée des Phéniciens et des Grecs (et
des Romains par conséquent) par deux races bien différentes:
l'une, au teint pâle, aux cheveux flottants, les Celtes; l'autre,
au teint basané, aux cheveux touffus, les Ibères. De l'union

---

1. On sait que cet adjectif, *euscarien*, a été formé du mot *euscara*,
nom original que les basques donnent à leur langue.

de ces deux races résultèrent les populations mixtes qu'on a désignées sous le nom de Celtibères. Plus tard des colonies phéniciennes s'établirent sur la côte méridionale et des colonies grecques sur la côte orientale. Puis vinrent successivement la conquête romaine, l'invasion des Wisigots, etc.

Les mêmes écrivains nous apprennent que les indigènes de la péninsule, c'est-à-dire sans doute les peuples résultant du mélange des Celtes et des Ibères, avaient leur langue ou plutôt leurs langues propres.

Or, on a découvert en Espagne, sur tous les points, mais principalement à l'est et au nord, des médailles et des inscriptions lapidaires qui présentent des caractères particuliers. Et comme on n'a point manifestement affaire à du grec, à du phénicien, à du latin, on a conclu que ces inscriptions et ces légendes devaient être écrites dans la langue originale de l'Espagne, c'est-à-dire dans l'idiome des Celtibères, divisé probablement en un certain nombre de dialectes régionaux que les Romains auraient pu prendre pour autant de langues différentes.

Mais, en vertu de l'*à priori* dont je parlais tout-à-l'heure, le basque étant la seule langue non importée de la région hispano-gauloise, on s'est dit que le basque devait être le représentant géographiquement restreint de l'antique celtibère, ou plutôt de l'ibère, car les Celtes ont dû perdre leur langue propre en s'unissant aux Ibères, puisque le basque n'est pas une langue celtique. Donc, le basque, c'est l'ibère moderne ; et, par conséquent, c'est dans l'euscarien qu'on doit trouver l'explication des noms topographiques transmis par les anciens, ainsi que des inscriptions et des légendes que ne traduisent ni le phénicien, ni le grec, ni le latin.

Humboldt s'est borné à chercher, à l'aide du basque, le sens des noms de lieux espagnols cités par les géographes anciens. Mais la plupart des étymologies qu'il propose dans son livre [1] sont extrêmement aventureuses et elles s'appuient d'ailleurs sur une connaissance beaucoup trop imparfaite du vocabulaire et de la grammaire basques. Il en est de même, selon moi, de toutes les traductions proposées par les disciples

1. *Prüfung der untersuchungen über die urbewohner Hispaniens, vermittelst der baskischen Sprache*, Berlin, 1821.

de Humboldt, je veux dire par les savants qui ont essayé de transcrire les légendes monétaires dites ibériennes et de les expliquer par le basque.

Désignées depuis longtemps sous le nom espagnol de *desconocidas* « inconnues », les médailles qui portaient de telles légendes ont fait le désespoir de beaucoup de numismates : Velasquez, Florez, Erro, Lorichs, MM. de Saulcy, Boudard, G. Phillips, Aloïss Heiss se sont successivement appliqués à les déchiffrer. Je ne parlerai, et d'ailleurs très-brièvement, que des travaux des trois derniers.

Ces savants ont procédé, je me hâte de le reconnaître, d'une façon très-sage et très-méthodique. Ainsi M. Boudard [1] a pris pour point de départ les légendes bilingues (ibéro-latines) à l'aide desquelles il a obtenu un certain nombre de lettres qui lui ont permis de retrouver la valeur des autres signes dans les légendes unilingues en recourant à la forme latine ou grecque citée par Strabon ou Pline.

M. Phillips [2] a voulu corriger quelques-unes des lectures de M. Boudard, en comparant l'alphabet ibérien à l'alphabet phénicien, son prototype.

M. Aloïss Heiss [3] a suivi une autre voie. Il a recherché en quelles localités les mêmes médailles se rencontrent le plus fréquemment ; il en a conclu que ces médailles devaient avoir été frappées dans la ville aux environs de laquelle elles abondent. Le nom ancien de cette ville étant approximativement donné par les vieux géographes, M. Heiss a dû par suite corriger un grand nombre des lectures de M. Boudard. Il a également découvert que ses prédécesseurs avaient commis beaucoup d'erreurs par suite de moulages fautifs ; c'est ainsi que, sur *vingt-trois* légendes publiées par Erro, il y en a *dix-huit* d'inexactes. — Un fait intéressant résulte en outre du travail de M. Heiss, c'est que le monnayage ibérien est restreint au nord et à l'est de l'Espagne ; c'est donc là seulement qu'aurait été parlé l'ibère : il y aurait eu pourtant, au sud, le dialecte

1. *Essai de Numismatique Ibérienne*, Paris, 1857.

2. *Ueber das iberische alphabet*, Wien, Karl Gerold, 1870, in-8, 74 p. (Extrait des comptes-rendus des séances de l'Académie impériale des sciences de Vienne).

3. *Description générale des monnaies de l'Espagne*, Paris, imp. nat., 1870, 1 vol. in-4º (vi)-ij-348 p., 68 pl.

turdétan qui avait un système alphabétique particulier; **M.** Heiss
a, le premier, essayé de déchiffrer ce nouvel alphabet.

Faut-il répéter que le caractère basque des lectures obtenues
par ces divers travailleurs n'est rien moins qu'évident à mes
yeux? Le problème d'ailleurs est très-complexe et d'une gravité
exceptionnelle.

Si la langue des inscriptions ibériennes est parente du basque,
il faudra, pour pouvoir utilement l'en rapprocher, avoir remonté
aussi loin que possible dans l'histoire de la langue euscarienne;
c'est là un travail préparatoire essentiel, mais qui n'est point
fait encore. Par conséquent, il convient avant tout de s'appliquer
à reconstituer, par une analyse rigoureuse des dialectes actuels
conformément à la discipline sévère de la science contemporaine,
l'état auquel le basque était parvenu avant sa séparation en
dialectes.

Dé plus, il faudra être très-sûr que les inscriptions « ibériennes » sont bien lues, que la valeur de chacun des caractères
est bien fixée; il faudra également s'assurer de la fidélité des
estampages, des moulages, des empreintes. C'est évidemment
là le point le plus délicat. Les caractères en question sont
manifestement dérivés de l'alphabet phénicien, mais ce n'est
point une raison suffisante pour qu'on puisse en conclure quoi
que ce soit sur la langue à laquelle ils ont servi. L'alphabet
phénicien semble en effet avoir été le prototype de la plupart
des écritures anciennes, y compris même celles de l'Inde;
en s'en tenant toutefois aux systèmes adoptés par les idiomes
géographiquement en rapport avec « l'Ibérie », on constate
une telle variété de formes pour chacun des signes employés
que, souvent, des lettres différentes en arrivent à avoir une
seule et même forme; d'autres se trouvent, dans la suite des
temps, ne plus offrir que de très-minimes différences les unes
entre les autres, de sorte que la moindre erreur de l'écrivain
ou du lecteur peut amener de regrettables confusions. Je crois
qu'une bonne solution du problème pourrait être obtenue par
la comparaison des diverses formes des lettres de l'alphabet
« ibérien » (où chaque son était d'ailleurs probablement re-
présenté par plus d'un signe) avec toutes celles des alphabets
punique, grec archaïque, etc. On obtiendrait ainsi pour chaque
lettre une ou, le plus souvent, plusieurs valeurs ; cela donnerait,
pour chaque légende monétaire, pour chaque mot, plusieurs

lectures possibles dont la véritable serait probablement déter-
minée par la comparaison de tous les mots et par l'élimination
de ceux manifestement trop invraisemblables.

C'est en faisant ce travail de comparaison et d'élimination
qu'on pourra voir si ces inscriptions et ces légendes ne sont
pas plutôt explicables par le celte ou par le phénicien (punique)
que par le basque. Nous sommes, en effet, historiquement
certains que le celte et le phénicien ont été parlés en Espagne,
tandis que rien ne nous apprend d'une façon précise ni que
le basque ait jamais dépassé ses limites actuelles, ni que la
langue des Ibères (si elle a existé) ait été un mode ancien
de devenir du basque, comme disent les linguistes allemands.
Si la langue des médailles *desconocidas* est autre chose que
le basque, nous ne doutons pas d'ailleurs qu'il ne se trouve
un jour quelque Champollion ou quelque Oppert pour la reconstituer de toute pièce.

Il est en tout cas regrettable que le déchiffrement de cet
alphabet mystérieux ait été commencé par l'étude des légendes
monétaires. Celles-ci en effet ne peuvent donner que des noms
de lieux isolés, et ne peuvent nous renseigner que très-impar-
faitement sur la nature de la langue employée. Or, il se trouve
que, précisément, l'explication des noms de lieux est ce qu'il
y a de plus difficile en basque moderne, où beaucoup d'entre
eux, qui échappent à l'analyse, sont relativement très-anciens
et représentent un état de l'euscarien sensiblement différent
de l'état actuel. Un fait pourtant me semble incontestable,
c'est que la plupart de ces noms sont purement physiques,
topographiques ; ce fait pourra guider pour les interprétations
futures comme il suffit pour repousser certaines traductions
de Humboldt, de M. Boudard, etc. [1].

J'estime qu'il eut mieux valu commencer par essayer d'inter-
préter les inscriptions plus longues, qui contiennent évidemment des phrases complètes et par conséquent dont une seule,
bien lue, trancherait définitivement la question. Mais personne
jusqu'ici ne s'en est sérieusement occupé. On possède pourtant
une vingtaine d'inscriptions de cette nature ; plusieurs sont

---

1. Cf. mon compte-rendu du livre de M. Bladé, dans lequel sont dis-
cutées plusieurs étymologies de M. Boudard (*Revue de Linguistique*, t. IV,
p. 55-71).

incomplètes; mais il en est au moins une qui nous est parvenue dans toute son intégrité. C'est celle de la lame de plomb découverte, en 1851, près de Castellon, par M. de Portefaix, publiée par Lorichs dans ses *Recherches numismatiques* et réimprimée par M. Phillips, en 1871, dans les *comptes-rendus* des séances de l'Académie de Vienne [1]. Cette inscription se compose de vingt-et-un mots, séparés l'un de l'autre par trois points verticaux.

Eh bien! en appliquant son système de lecture à cette précieuse inscription (si toutefois elle est authentique et si la reproduction de Lorichs est exacte : M. Aloïss Heiss conteste la plupart des légendes monétaires publiées par cet auteur), M. Phillips a trouvé *onze* signes nouveaux inexpliqués et il transcrit des mots comme le suivant, qui est le dernier de l'inscription :

i i o s i n i e a o s e

Avec le système de M. Heiss, on lirait :

u i th s u n i e k r s e

On avouera qu'avec la meilleure volonté du monde, il est difficile de voir du basque dans ce mot, qui est d'une respectable longueur cependant. Je sais bien qu'avec l'ingénieuse théorie des lettres omises on peut aller fort loin; mais on est d'accord généralement pour admettre que l'omission porte surtout sur les voyelles; or, pour MM. Boudard et Phillips, il y a, dans le mot cité, *neuf* voyelles et trois consonnes; et, pour M. Heiss, *six* voyelles et *six* consonnes, très-singulièrement groupées du reste.

Il est donc évident ou que le système de lecture de ces trois savants est incertain ou qu'il y a là une langue nouvelle. Mais, s'il y avait tant de langues originales en Espagne, laquelle était la mère du basque?

Les inscriptions dites « ibériennes » ne se rencontrent pas seulement en Espagne; on trouve aussi dans les environs de Narbonne et de Perpignan des médailles qui portent ces caractères. C'est un fait que ne manquent point de relever les partisans de ce qu'on me permettra d'appeler *la théorie ibérienne*, mais qui est, en somme, d'une importance assez secondaire.

1. Article tiré à part sous le titre de *Ueber eine in der nähe von Castellon gefundene inschrift*; Wien, 1871, Karl Gerold, in-8°, 10 p. et 1 pl.

Je ne quitterai pas les légendes *desconocidas* sans rappeler
que M. Aloïss Heiss déclare d'une manière très-formelle que le
monnayage celtibérien, pure imitation du monnayage italique,
a dû être frappé exclusivement entre les années **175** et **39**
avant J.-C.

Il convient également, avant de terminer cette trop longue
étude, de mentionner quelques arguments linguistiques, ou
prétendus tels, invoqués en faveur de la théorie ibérienne. Des
savants de premier ordre, mais malheureusement trop peu au
courant des études contemporaines et ne connaissant pas assez
le basque, ont supposé une race ibérienne qui aurait jadis
occupé tout l'ouest de l'Europe et le nord-ouest de l'Afrique et à
laquelle se rattacheraient naturellement les mystérieux Ligures.
On a accueilli, en faveur de cette hypothèse, toutes sortes de
bruits singuliers sur des peuplades minuscules qui parleraient,
en France et en Belgique, un idiome tout particulier et très
étrange. On a accordé quelque créance à la nouvelle donnée
par M. de Harambure, ancien procureur impérial à Constantine,
que les *Chaouïas*, tribu à une journée de marche de Lambessa,
à **140** ou **150** kilomètres au sud de la Province, se seraient
entendus avec des ouvriers bûcherons d'origine basque. Malheureusement M. de Harambure ajoute que, malgré son nom,
il ignore absolument le basque et n'a pu vérifier lui-même
l'exactitude de ce fait.

Un argument en faveur de l'extension ancienne du basque
primitif auquel bien des personnes tiennent encore, c'est celui
qu'invoque en ces termes M. Ernest Desjardins dans son étude
sur une cité inconnue dont les ruines ont été découvertes,
il y a douze ans, près de Plaisance : « le basque renferme
des mots dont il est impossible de méconnaitre l'identité
dans les appellations géographiques propres aux seuls pays où
les Ibères ont séjourné » (*Revue Archéologique*, t. XI, p. **129**)
et M. Desjardins, après avoir cité les syllabes *ili* ou *iri
erri*, *eri* « ville, peuple, pays, établissement » rencontrées
jusque dans des noms de lieu du Roussillon (*Illiberis*) et du
Placentin (*Ilia*, non loin de Velleia), rapproche le nom même
des Ligures du « mot basque *ligorra* qui signifie », ajoute-t-il,
« terre élevée, pays montagneux ». Je ne m'arrêterai point
à réfuter cette argumentation ; je suis de ceux pour qui de
pareils rapprochements sont essentiellement hasardés et sans

aucune portée démonstrative. Quelles erreurs ne commet-on pas, de la meilleure foi du monde, quand on s'écarte des voies rigoureuses de la science positive ! Ainsi Fauriel, dans son *Histoire de la Gaule Méridionale* n'est-il pas allé jusqu'à faire de « Vilenave » un composé de *ville* et du prétendu basque *nava* « plaine », tandis que pas un peut-être de ses lecteurs n'aurait méconnu la forme gasconne du latin *novus ?*

J'estime donc, en résumé, que la question ibérienne est encore tout entière à discuter et à résoudre. Ont-ils raison ceux qui, à l'exemple de M. Bladé [1], nient l'existence réelle et historique d'un peuple nommé « les Ibères » ? ont-ils raison ceux qui affirment au contraire qu'une race portant ce nom a peuplé très-anciennement toute l'Europe occidentale ? a-t-il raison ce numismate, M. Zobel de Zangroniz (cité par M. Desjardins, dans l'article sus-mentionné), qui aurait trouvé dans les légendes monétaires dites ibériennes de frappantes analogies avec les mots du vocabulaire indo-européen ? Je n'en sais rien et ne crois pas qu'en l'état actuel des études basques il soit possible de répondre dans un sens quelconque à ces diverses questions.

Tout ce qu'il est permis de dire aujourd'hui, c'est que la langue basque existait avant l'arrivée en Europe des Aryas ; que cette invasion est probablement la cause qui a fait entrer la race ancienne parlant basque dans la vie historique ; que, depuis lors, la langue basque, arrêtée pour jamais dans son développement progressif, a été soumise à une continuelle décadence formelle, compliquée, au cas particulier, de l'influence redoutable d'idiomes étrangers supérieurement organisés, et que, dans un temps plus ou moins éloigné, elle cessera complètement d'être en usage, à l'imitation des vieux dialectes celtiques de l'Angleterre, obéissant ainsi à la loi naturelle et à l'impitoyable logique des choses.

Mais en attendant que les véritables affinités de l'Euscarien soient découvertes, si elles existent, cet étonnant idiome demeurera dans son isolement, car il faut définitivement reléguer dans le domaine de la fantaisie pure les dérivations proposées du celte ou du phénicien et les autres hypothèses sur

1. *Etudes sur l'origine des basques*, Paris, Franck, 1869.

« l'origine des Basques », celle notamment qui ferait du basque
l'idiome national des Alains.

Pour nous, partisans de la science positive, qui n'appuie
ses déductions que sur l'expérience et l'observation, ces ré-
sultats négatifs n'ont rien qui nous surprenne, rien qui nous
afflige. Nous n'avons point à atteindre un but déterminé et
regardé comme inévitable. Aussi croyons-nous qu'il convient
plus que jamais d'étudier le basque en lui-même pour reconstituer autant que possible l'état le plus pur et le plus parfait
auquel il avait pu atteindre, lorsque sa décadence historique
a commencé. Nous pensons d'ailleurs que le grand tort de
tous les érudits qui ont recherché « l'origine des Basques »,
qui ont posé ou traité « la question ibérienne », c'est de n'a-
voir pas assez connu le fond de leur sujet, c'est de n'avoir
pas suffisamment étudié la langue basque. Nous sommes cependant à une époque de recherche, d'activité, de travail universels,
où l'on ne se contente pas de vagues notions sur l'ensemble
des connaissances humaines ; où l'on demande aux savants, qui
veulent mériter ce nom, d'approfondir et de fouiller sans
relâche la branche d'étude qu'ils ont choisie ; où est plus que
jamais vraie cette mémorable parole d'un profond philosophe :
« tout le monde est plein de gens sçavans, de precepteurs
« tres doctes, de librairies tres amples.... et ne se faudra
« plus dorenavant trouver en place ny en compagnie qui ne
« sera bien expoly en l'officine de Minerve » (RABELAIS, *Pan-
tagruel*, livre II, chapitre VIII).

www.ingramcontent.com/pod-product-compliance
Lightning Source LLC
LaVergne TN
LVHW010308190726
843502LV00014B/4159